www.tredition.de

AF186492

Reinhard Wick

Der Löwe im Kuh-
stall

Kurzprosa: erlebt erlauscht erdacht

www.tredition.de

© 2021 Reinhard Wick
Umschlag, Illustration: Titelgrafik: Nike Viola Baumann, 8 Jahre 2014,
Fotos: Eigene Aufnahmen des Autors

Verlag und Druck:
tredition GmbH, Halenreie 40-44, 22359 Hamburg

ISBN
Paperback: 978-3-347-37324-2
Hardcover: 978-3-347-37325-9
e-Book: 978-3-347-37326-6

Christina

Klarheit finden

Gestern am Strand

zwischen zwei Wellen

gibt klares Wasser

den Blick

auf den Grund

frei

fast in demselben

Augenblick versinkt alles wieder unter schäumender
Gischt

trübt der von der neuen Welle aufgewirbelte Sand
den Blick

wird wieder und wieder

das Unterste zu oberst gekehrt.

Wer auf den Grund sehen will, muss warten

auf die seltenen Zeiten

zwischen zwei Wellen.

Kurs halten

Der rechte Kurs eines Bootes

von einem Paddel vorwärtsgetrieben

ist vor allem eine Frage

des rechten Zeitverhältnisses

zwischen Bewegung und Ruhe.

Das Paddel wird an der Bootswand entlang

nach hinten geführt.

Nimmt man es sogleich heraus

zum nächsten Paddelschlag,

so fährt das Boot nur im Kreis herum.

Der erfahrene Paddler lässt das Paddel am Ende

einige Zeit in entsprechender Stellung -

die allerdings das Paddel nahezu natürlich einnimmt

im Wasser ruhen.

Dabei wird das Boot

entsprechend gegengesteuert.

Bleibt das Paddel zu lange in dieser Stellung,

bewegt es das Boot nach der anderen Richtung im
Kreis.

Das Vorwärtskommen des Bootes ist gegeben,

wenn Ruhe und Bewegung

in einem genau aufeinander

abgestimmten

Zeitverhältnis liegen.

Sowohl pausenloser Aktionismus

als auch das Verharren in reiner Kontemplation

führen dazu,

dass wir um uns selbst kreisen.

Unfreiwilliges Solospiel in der Pandemie

Die Zeit ist da,

das heißt,

sie ist reichlich vorhanden

Die Saiten erklingen

der Ton wird voller

von Tag zu Tag

neue Klänge tun sich hervor

Allein

die Klänge erfüllen

nur mich

sie tragen nichts bei

zu klangvollem Miteinander

Wohin soll das führen

wenn das,

was der Eine tut

beständig hinausweist

über den eigenen Horizont

hin zu den anderen,

die fern sind.

Wie sagte doch meine Großmutter im Februar 1945:

Es kommen hoffentlich auch wieder andere Zeiten.

Wo es beginnt

Wo es beginnt, weiß niemand. Irgendwann ist es da. So wie jetzt. Der Augenblick in überwältigender Selbstverständlichkeit. So als gäbe es keinen anderen als diesen. Fast dreist den Eindruck erweckend, er sei nur aus sich selbst und aus dem Jetzt. Alles davor verleugnend. Wo es beginnt weiß niemand, denn der Augenblick gibt das Davor, aus dem er kommt, nicht preis. Doch alle Gegenwart hat ihr Davor. Ein Davor, das die Gegenwart erklärt, aber das auch stets irritierend und befremdend in sie einwirkt. Wo es beginnt, weiß niemand. So auch diese Reise. Drei Jahre ist es her, dass wir auf einem Schiff wie diesem unterwegs waren nach Griechenland. Die Weite des Meeres. Gerade wird dieser Eindruck unterbrochen von springenden Delphinen hinter dem Schiff. Das gleichmäßige Dahingleiten. Die Erfahrung, dass es nichts zu tun gibt und für alles gesorgt ist. Vor drei Jahren war es diese Erfahrung, die so fasziniert hat - und heute - ein Schiff, das Meer, der Blick in das von den Schiffsschrauben aufgewühlte Wasser. Ein anderes Meer, ein anderes Schiff, ein anderer Himmel. Herodot lässt grüßen.

Wo es beginnt weiß niemand. Tag der Einschiffung, Uhrzeit, Abfahrt - ist das ein Anfang? Davor der Weg durch die historische Stadt mit ihren Gassen, den tausend Brücken und Kanälen, davor die Nacht im Auto, drei Stunden Schlaf, dann weiter, davor der Abschied von Zuhause. Wann haben wir begonnen mit dem Packen? Niemand weiß, wo es beginnt. Anfang und Ende - Selbstverständlichkeiten des Alltags erweisen sich als brüchig, ihre Sicherheit ist nur scheinbar. Begonnen hat es damit, dass wir vor drei Jahren zu viert schon einmal mit dem Schiff nach Griechenland ... Welche Chance haben wir diesmal? Eindrücke erneuern, dasselbe wieder erleben, weil es damals gut war, neue Erfahrungen machen, oder gleiche? Einer Pilgerfahrt gleich werden wir Stationen von damals aufsuchen. Ob es das Café, in dem wir damals gefrühstückt haben, noch gibt? Sollen wir diesmal nicht nach Olympia fahren, weil wir beim letzten Mal ... oder gerade deshalb? Was gilt als Begründung? Lars-Jonatan:: "Ich will zu dem Strand, an dem ich das Schwimmen gelernt habe." Er weiß seinen Grund. Die Pilgerfahrt beginnt. Es macht unruhig, zu wissen, dass die Wiederholung ausgeschlossen ist. Die Gegenwart erweist sich als unkalkulierbar. Die Lehre des Pilgerpfades nimmt ihren Anfang.

Es war befremdend, als wir bei einem Fahrerwechsel plötzlich auf dem Rastplatz waren, auf dem wir auf der letzten Reise übernachtet haben.

Jetzt springen wieder die Delphine. Niemand weiß, wo es beginnt. Wer sagt uns, dass Zeit einen Anfang hat? Wer sagt uns, dass Zeit sich nicht ständig neu entfaltet und gebiert aus dem Jetzt. Vielleicht sind wir deshalb so irritiert von Vergangenem, vielleicht führt gerade deshalb alles Fragen nach dem Woher in die Irre. Schiffe tragen dieses Geheimnis mit sich. Kein Ingenieur konnte ahnen, was er tat, als er das erste Schiff konstruierte. Ingenieur erstes Schiff. - Einbaum, Papyrusboot, Windjammer, Dampfschiff. Niemand weiß, wo es beginnt. Die Menschen auf Schiffen gehen unterschiedlich damit um, dass das Schiff sie unbarmherzig mit Gegenwart plagt. Wer kann, tut, was er sonst tut - diskutiert die Wirtschaftslage oder die neuesten Pflegesätze. Wer so etwas nicht kann, um der Gegenwart Herr zu werden, wartet auf das Essen und kämpft mit auffallender Verbissenheit um einen guten Platz in der Warteschlange zum Selfservice. Auch das Lesen eines Reiseführers hilft, der unerbittlichen Gegenwart im Bauch der Schiffe Herr zu werden. Das Schiff macht keinen Unterschied zwischen den Gattungen: Reiseführer oder

Sience Fiction - der Unterschied ist rein formal.

Heute, das ist der Tag, an dem kurz nach dem Aufwachen jemand mit einer langen Stange von ganz oben an der Reeling mit einer Bürste das Kabinenfenster geputzt hat. Allerdings so, dass man jetzt weniger sieht als vorher und die ab und zu vorbeiziehenden Schiffe nicht mehr mit dem Fernglas beobachten kann. Wäre es möglich, sich an der Rezeption zu melden und darum zu bitten, dass jemand das Fenster ordentlich putzt, weil wir für die Außenkabine einen Aufpreis bezahlt haben? Wo ist eigentlich die Rezeption zu der wir gestern, als wir eingestiegen sind, mit einer kurzen Rolltreppe gelangt sind, wo die Männer in den dunkelroten Jacketts auf die Passagiere gewartet haben und wir den Kabinenschlüssel bekamen. Hinter welcher Tür ist dieser Raum heute? Schiffe sind voller Geheimnisse. Ein Delphin dreht gerade einen Salto weit weg.

So oder so?

Ausgefallene kulinarische Kreationen

Ausgefallene Mode und Abendroben

Ausgefallene Theaterinszenierung

Ausgefallene Interpretationen im Streichorchester

Ausgefallener Bus

Womöglich liegt es am Regen, dass die Begeisterung der Wartenden an der Bushaltestelle nur verhalten ausfällt.

Multikulturelle Gesellschaft

Die türkische Bedienung im Schnellrestaurant in der Klettpassage empfiehlt dem japanischen Gast Berner Röschti.

Sprechen Sie Deutsch?

- Sprachbeobachtungen lange vor Thierse

Von einem Bekannten erfuhr ich folgende Geschich-
te: Er war mit seiner Familie aus Württemberg nach
München zugezogen. Bei einem ihrer ersten Spazier-
gänge im Englischen Garten hörten seine Kinder
erstmals das Münchner Idiom. Einer von ihnen war
darüber in gewissem Sinn beunruhigt und brachte
diese Sorge mit der Frage zum Ausdruck: „Papa,
sprechet die au doitsch?"

Wie oft lachen Sie über diese Aussage? Wenn Sie
einmal gelacht haben, sind Sie mit großer Wahr-
scheinlichkeit selbst Schwabe. Sie sind der Meinung,
dass der Witz an der Sache darin liegt, dass die Bay-
ern kein ordentliches Deutsch können. Es kann aber
auch sein, dass Sie zweimal gelacht haben. Dann
sind Sie vermutlich kein Schwabe, womöglich sogar
ein Bayer. Denn der zweite Lacher bezieht sich ja
aus dem Irrtum dessen, der fragt. Sein „Pappa spre-
chet die au doitsch" hat ja den Brustton der Überzeu-
gung, dass diese Äußerung Deutsch sei. Es wäre
wohl eine herbe Enttäuschung für ihn, zu erleben

„sprechet die au doitsch" in weiten Teilen Deutschlands nicht als Deutsch sondern als ausgeprägter Dialekt verstanden würde. Seine Frage mit dem Selbstbewusstsein, deutsch zu sprechen erweist sich daher als Bumerang. Nun, wie gehen wir damit um?

Es gibt verschiedenen Lösungen: Ich komme auf insgesamt 4.

Lösung 1: Der Bayer spricht kein Deutsch, aber der Schwabe. (Position des Fragenden)

Lösung 2: Der Schwabe spricht kein Deutsch, aber der Bayer – hosd me.

Lösung 3: Keiner der beiden spricht Deutsch – was dann?

Lösung 4: Beide sprechen Deutsch – wie kann das sein?

Sprachgrenzen gibt es in unterschiedlicher Ausprägung in Deutschland. Wenn es dann noch um bestimmte Bezeichnungen geht, kann die Sache durchaus verwirrend werden.

Witzig ist beispielsweise, dass ein Berliner in Berlin ein Pfannkuchen ist und nur richtige Berliner als Berliner bezeichnet werden. Nun gibt es Regionen in denen sind Berliner Krapfen. Es ist jedoch nicht ratsam, jemanden, der berlinerisch spricht zu fragen: „Sind sie ein Krapfen?" oder „Sind sie ein Pfannkuchen?" Dann hätten sie in jedem Fall etwas falsch gemacht. Ich habe mir sagen lassen, dass Sprache in manchen Fällen mehrdeutig ist.

Allerdings könnte man sich solche Verwirrung problemlos sparen, nämlich dann, wenn man im Bäckerladen dieses deutschlandweit beliebte Schmalzgebäck, das es inzwischen ganzjährig und nicht nur an Fasching gibt, als Krapfen verkaufen würde.

Nun soll es nach dem Bericht einer nahezu namhaften deutschen Tageszeitung (BKZ = Backnanger Kreiszeitung) vorgekommen sein, dass ein Schwabe in Berlin (!), also bei den Berlinern, an der Theke ein Eierweckle verlangt und eine Schnitteischribbe ausgehändigt bekam.

Man kann vom Schwäbischen halten, was man will, aber mir schmeckt ein Eierweckle viel besser als eine Schnitteischribbe. Es darf auch ein Brötchen sein – auch belegt. Also ein belegtes Brötchen mit Ei. Auch eine Semmel. Aber Schnitteischribbe! Da liegt ja bei mir der ganze Produktionsprozess mit auf dem Teller und das zum Frühstück oder in der Mittagspause!

Meines Erachtens wird mit den jeweiligen Bezeichnungen immer eine bestimmte Auffassung von den Dingen transportiert.

Nehmen wir also gedanklich unsere „Schnitteischribbe" zur Hand. Was beobachten oder assoziieren wir? In mächtigen Bottichen hart gekochte Eier, werden maschinell geschält, durch eine Drahtharfe gedrückt, fallen in Scheiben gleichmäßiger Stärke sanft auf ein gefedertes Förderband, werden von flinken behandschuhten Händen auf eine von anderen flinken behandschuhten Händen mit einem Salatblatt belegten Brötchenhälfte gelegt, Majonäse dazu, zweite Brötchenhälfte oben drauf, klappe zu, Affe tot. Könnte ohne weiteres auch gescheibtes-Ei-Weißmehlgebäck heißen. - politisch korrekt und fast schon EU-tauglich. Aber das schmeckt sicher nicht mehr!

Darf ich mal ganz ehrlich sein, so unter uns. Also ich hab da ja nichts dagegen, dass die Dinge da und dort unterschiedlich genannt werden. Ist doch auch nett in einer so einheitlichen Welt, wenn es noch regionale Unterschiede gibt auch in der Sprache. Aber - das sage ich jetzt nur zu Ihnen – wenn ich da und dort den Eindruck habe, dass da die eigene Auffassung als die einzig gültige gesehen wird und es sonst nichts gibt auf der Welt oder in den deutschen Landen, das kann ich einfach nicht ausstehen!

Hier ein selbst erlebtes Beispiel: Es betrifft die in schwimmendem Fett gebackenen in Streifen geschnittenen in der Erde wachsenden nach Kolumbus in Europa eingeführten Knollen eines amerikanischen Nachtschattengewächses, das in Deutschland mit einer Vielzahl von Namen betitelt wird. Die heißen mit vollem Namen „pommes frittes". Das kommt, glaube ich aus dem Französischen. Klingt gut und lässt sich auch gut essen. Und jetzt kommst! Ist Ihnen das auch schon aufgefallen, dass die einen die Dinger mit dem Vornamen ansprechen, also „Pommes". Da wird das französische Wort ganz Deutsch ausgesprochen. Nett – oder? Die anderen nehmen den Nachnamen und sagen: „Fritten". Da wird aus dem Partizip Perfekt Passiv eines Verbs im Französischen ein Nomen. Genau – und nach meinem Gefühl gibt es da eine Nord-Süd-Verteilung. Und jetzt kommst!

Bei einer bundesweiten Großveranstaltung in Süddeutschland, son junger Typ ganz cool, steht an der Theke an für die besagten pommes frites. Der vor ihm nimmt auch eine Portion und bekommt sie anstandslos und einwandfrei. Er dann ganz cool, ganz locker, Arme schlenkernd, Blick – was weiß ich wo – zu der Bedienung hinter der Theke: „Osonefritten".

Der war völlig verdattert, als er mitgekriegt hat, dass die Bedienung hinter der Theke nur große Augen gemacht hat, weil sie keine Ahnung hatte, was er wollte. Der arme Kerl war ernsthaft der Meinung „Osonefritten" sei, gestatten Sie mir dieses schöne Formulierung, deutschlandweit gebräuchlich. Deshalb hat er auch nicht zugehört, was sein Vorgänger verlangt hat. Er hätte wohl im Duden unter „O" nachgeschaut, wie man das schreibt. Zum Glück war er nicht ganz vernagelt und weltfremd, deshalb fiel ihm dann wenigstens das andere „O"-Wort ein und er sagte rasch: „Osonepommes". Was hätte er sonst gemacht? Gehungert? Aber so ist das nun mal mit den regionale Sprachunterschieden: Fritten holt man sich an der Bude – anä bude – und Pommes am Stand. Vielleicht besser sogar am „Imbissstand". Obwohl das eines von den wunderschönen, aber leider vom Aussterben bedrohten Worte ist: Imbiss. Da hört man doch noch das Wienerle krachen, in das man hineinbeißt. Richtig appetitlich!

In Wien heißen übrigens die Wiener Frankfurter und nur die Wiener heißen Wiener. Damit wären wir wieder am Anfang.

Es sei noch bemerkt, dass manche sagen, dass Frankfurter gar keine Wiener sind und man serviert sie wahlweise mit Kren oder Saft.

Aufgesang zum Abgesang

Wir hatten viel vor.

Wir haben getan, was wir konnten.

Es kam anders, als erwartet.

Das war

wie immer

unser Glück.

Warum nur?

Man fragt sich, wie es kommt, wenn man von einer Person, immer nur Schlechtes hört. Haben die Leute einfach nur eine schlechte Meinung von ihr? Wird sie verantwortlich gemacht, weil es den anderen gerade so in den Kram passt? Oder liegt es daran, dass diese Person durch und durch verderbt ist. Denn wie käme es denn sonst, dass man über eine einzelne Person ständig zu hören bekommt, sie hätte die Unwahrheit gesagt. In diesem Fall geht es um eine gewisse Anna und man sagt es landauf landab bei jeder sich bietenden Gelegenheit, dass ebenjene Anna log. Diese Behauptung kommt häufig in Zusammenhängen zur Anwendung, bei denen man von der Stimmungslage her den Eindruck ha: Wenn es nicht anders geht, dann halt so. Aber was, um alle Welt will man dann immer noch mit dieser Anna, die nicht die Wahrheit gesagt haben soll? Bitte? - Es handelt sich um ein Missverständnis? Na da hört sich ja alles auf. Erst auf jemandem gnadenlos herumhacken und dann ... Wie bitte? Es geht nicht um eine Anna? Um was bitte, geht es dann? Wenn man sagt, dass Anna log, soll damit zum Ausdruck gebracht werden, dass etwas nicht digital ist? Wie bitte? Wenn ich mir etwas auf einen Zettel aufschreibe, dann ist das nicht digital, sondern Anna log? Aber warum lügt die denn ständig? Bitte? Wenn ich mit jemandem spreche, statt eine e-mail zu schreiben, dann ist das auch nicht digital und sondern Anna log auch wieder? Wenn man sagt, Anna log, dann meint man damit, alles, was nicht digital ist? Das wäre ja dann unsere gesamte wunderbare natürliche Welt aus Fleisch und Blut, Saft und Kraft, Sang und Klang. Aber warum denn um Himmels willen, soll denn meine schöne Welt ein Gegensatz zu etwas anderem, dem Digitalen, sein? Erst einmal ist alles digital und dann kommt Anna, die log? Braucht es, für das, was ist, einen eigenen Begriff? Das ist ja eine völlig verkehrte Welt! Am Ende kommt noch einer und behauptet, dass die Wirklichkeit in Rechenzentren stattfindet und der Rest nur Lügerei von Anna ist? Wem soll man denn da noch über den Weg trauen? Diese Anna muss dringend rehabilitiert werden. Man muss eine Kampagne lostreten, Buttons verkaufen, T-Shirts drucken, eine Anzeigenaktion, eine Unterschriftensammlung, Kundgebungen in allen Großstädten, Arbeitsniederlegungen, bei einem Fußballspiel ein riesiges Banner auf den Rängen entfalten: „ungelogen: Anna!" oder „Anna: klar und wahr". Gerne auch: „Anna Ehrlich" Dann hätte sie sogar einen Nachnamen. Nur so wird unsere Welt mit und ohne Anna wieder das, was sie immer schon war: die Wirklichkeit, die sich nicht erst legitimieren muss. Lasst und heute damit anfangen! Anna? Ich schwör!

Anagramm für einen Freund

Hier und heute ist nicht

Ewig und

Immer und doch

Nicht

Zu wenig

Im Mikrokosmos der Information

Um fest zu stellen, welche Art Zeitschrift jemand liest, muss man nicht unbedingt das Titelblatt in Augenschein nehmen. Nein, es genügt im einen oder anderen Fall, die Haltung des Lesenden zu studieren. Besonders ausgeprägt ist dieser Habitus bei der Lektüre von Computerzeitschriften. Man kann annehmen, dass jene Art Fachliteratur nicht dazu da ist, im klassischen Sinn verarbeitet zu werden. Es geht vielmehr nur und einzig darum, eine Fülle von Einzelinformationen zu speichern und für irgendwelche Fälle parat zu haben. (Inzwischen gibt es dafür den Begriff Containerwissen – jedenfalls stelle ich mir das so vor.) Solche Zeitschriften beanspruchen, außer der Tatsache Information zu sein, für sich keinen Sinn. Ähnlich ist es bei Fachzeitschriften anderer Art. Besonders beeindruckend sind diesbezüglich Fachzeitschriften, die sich auf den Freizeitbereich beziehen: Radfahren, Surfen, Video. Viele Seiten Hochglanzpapier werden bedruckt, um die neuesten technischen Fortschritte des betreffenden Interessenfeldes zu diskutieren und an den Mann oder (vielleicht seltener) an die Frau zu bringen. Es geht um elementare Fragen wie etwa die Materialeigenschaften eines Zahnkranzes aus einer völlig neuen Legierung am absoluten Nullpunkt. Oder um die Speichermöglichkeiten von Solarzellen bei absoluter Sonnenfinsternis.

Damit wird deutlich, dass das, was sich in früheren Generationen „Liebhaberei" genannt hat, heute mit Fleiß, Fachkenntnis und nicht zu überbietender Ernsthaftigkeit einher geht. Ein Kakteenfreund von Spitzweg gäbe sich unter gegenwärtigen Bedingungen absolut der Lächerlichkeit preis. Als ein Liebhaber erfreut er sich zwecklos der aufgrund seiner Pflege gewordenen Blüte. In einer Fachdiskussion mit Kakteenfreunden unserer Tage, würde er kläglich versagen. Wüsste er doch nichts über Bodenbeschaffenheit, Säuregrad, Lichtverhältnisse und Stoffwechsel von Kakteen. War ihm die Blüte Lohn seiner Mühe, ist dem heutigen Hobbygärtner in erster Linie das Wissen wichtig, wie man zu sicheren Blüten kommt. Für die Blüte selbst zeigt er dann kaum mehr Interesse.

Was dann?!

– Peters Großvater und die mögliche Unmöglichkeit"

In der Erzählung „Peter und der Wolf" kommt gegen Ende der Großvater zu Wort. Nachdem entgegen aller Wahrscheinlichkeit die Geschichte aufgrund des geschickten Handelns von Peter noch einmal gut gegangen ist, alle auch die Zuhörerinnen und Zuhörer aufatmen, der Triumphzug mit dem gefangenen Wolf sich bereits formiert hat, erhebt Peters Großvater mahnend die Stimme: „Na ja, wenn aber Peter den Wolf nicht gefangen hätte, was dann?"

Ja was dann lieber Großvater? Dann wäre wohl die Geschichte anders verlaufen. Vielleicht hätte es eine Katastrophe gegeben. Der Wolf hätte gefressen, was nicht rechtzeitig Reißaus genommen hätte. Es wäre nichts zu machen gewesen.

Was dann? Die Frage hängt bedeutungsschwer im Raum. Sie ist Respekt gebietend. Man duckt sich vor ihr. Aber besteht dafür ein echter Grund? Oder müsste man nicht vielmehr sagen: Nix dann, lieber Großvater?

Dafür spricht manches. Nix dann! Die Katastrophe ist nun einmal ausgeblieben, daran kann auch ein Großvater mit all seinen Bedenken und dem moralisch erhobenen Zeigefinger nichts ändern. Möglich wäre es in der Tat. Es kann immer etwas schief gehen bei einer Rettungsaktion. Möglich ist es, aber faktisch ist es anders gekommen. Es ist vorbei. Die Befürchtungen des Großvaters sind Schnee von gestern.

Aus der durchaus vorhandenen Möglichkeit (Potentialis) ist durch den Verlauf der Ereignisse eine Unmöglichkeit (Irrealis) geworden. Die potentielle Möglichkeit ist auf unumkehrbare Weise zu einer reinen Denkmöglichkeit geworden, die nicht mehr Realität werden kann.

Das hat eine seltsame Konsequenz. Wenn der Großvater mahnend seine Stimme erhebt, ist seine Aussage zugleich und im selben Maß unwiderlegbar, weil auf purer Annahme beruhend, und unsinnig, weil von den Ereignissen widerlegt. Deshalb kann der Großvater zwar das letzte Wort haben, aber er hat keinerlei Anrecht darauf, Gehör zu finden. Jede und jeder ist gut beraten, solcher Art Bedenken in den Wind zu schlagen. Anlässe dafür gibt es genug.

Die Sache mit den großväterlichen Bedenken hat aber noch einen weiteren Haken. Großvaters Frage ist inhaltsschwer aber bedeutungslos, und dennoch nicht ohne. Sie hat eine bedauerliche Konsequenz, wie die Geschichte von Peter und dem Wolf zeigt. Sie entwertet die Leistung des Helden, der eine schwierige und ohne Frage gefährliche Situation, erfolgreich gemeistert hat. Er hätte etwas anders verdient, als eine großväterliche Moralpredigt. Die Frage des Großvaters ist unbrauchbar, weil sie zu nichts führt.

Dies gilt nicht nur für den Fall, dass sie wie in der Geschichte von Peter und der Wolf im Nachhinein gestellt ist. Sie bleibt es auch dann, wenn sie im Voraus gestellt wird: Und wenn ich jetzt beim Vortrag stecken bleibe und nicht mehr weiter weiß? Und wenn ich mich beim Vorspiel verspiele? Und wenn ich die Prüfung nicht schaffe? WAS DANN?! Die Banalität der einzig möglichen Antwort, entlarvt die Frage in ihrer Bedeutungslosigkeit. Sie kann ja nur lauten: Dann ist es so.

Ich für meinen Teil erspare es mir seit einiger Zeit „Was dann?!" zu fragen. Ich erlaube es mir, diese Frage als nicht notwendig oder erforderlich zu betrachten. Nur ab und zu kommt sie mir noch in den Sinn: „Wenn Ihnen, liebe Leserin und lieber Leser, meine Texte nun nicht gefallen, was dann? !!!!

Verbfreie Sprache

Dass junge Menschen die Tendenz haben, ihre eigene Sprache zu entwickeln, ist keine Frage, was aber, wenn diese Sprache tendenziell aufhört, Sprache oder Aussage zu sein? Was ich damit meine?

Es war wie ein Missklang, der sich mitten im Getümmel, als der S-Bahn-Verkehr gestört war und sich alle auf einen Bahnsteig drängten, den Weg in meine Wahrnehmung bahnte.

Dieser Missklang formulierte sich so: „Und dann ich gleich." Es war eine junge Frau die dies aussprach. Vier Worte die allem Anschein nach deutsch sind. Man wartet vergeblich, dass da noch was kommt, weil ja noch was kommen müsste. Aber da kommt nichts mehr. Und ich frage mich, wie auf diese Weise Verständigung funktionieren kann. Woher der Gesprächspartner der jungen Dame weiß, oder wissen kann, was denn diese gleich …

Denn offensichtlich gab es zwischen den beiden keinerlei Verständigungsprobleme, sonst hätte der Gesprächspartner wohl nachgefragt. Oder wird diese Art der Verständigung ergänzt durch irgendwelche geheimnisvollen Zeichen oder Gesten, einen Code der mir, als einem Angehörigen einer anderen Generation nicht zugänglich ist? Wie anders kann ein Bericht verstanden werden, der sich (ebenfalls bei einer S-Bahnfahrt belauscht) so abspielte: „Also gestern der Mike, als wir auf den Bus gewartet haben. Er so. Und dann ich gleich so." Auch da wurde nichts ergänzt. Was soll man dazu sagen. Ich weiß mir keinen Rat. Dann sage ich eben: Also ich jetzt.

Agnostiker

Für Vetter Gerhard

„Man kann es nicht genau wissen",

sagte der Agnostiker,

„das weiß ich genau!"

Im Café Straub

Gedanken im Café Straub in Nürnberg gegenüber des Südfriedhofs gleich neben der Friedhofsgärtnerei:

Drüben auf der andern Seitn vo der Straß

simmer nu ni dro.

Gemmä so lang

nu ins café.

Zeuge eines Telefonates: Solange man sich selber helfen kann...

Gespräch in breitestem Hessisch.

Bericht eines Krankenbesuchs.

„Wenisch Personal."

„Die konnste mosche mal anruf, wenn se vielleicht nid gleich abnimmt.

Also am Dienstag wird se viellaischt entlasse."

Gesprächsfetzen erreichen mein Ohr. Irgendetwas irritiert mich. Ein seltsamer Tonfall, der in unnachahmlicher gleicher Tonhöhe alles platt macht.

Das Gespräch geht nun seit fast einer viertel Stunde. Langsam bekomme ich vom Zuhören Magenschmerzen.

Der genaue Zeitplan der OP der betreffenden Person wird geschildert: erst dies, dann jenes, dann noch was anderes .... und dann kam der Doktor und dann hamse... und das völlig unbeteiligt ohne Höhen und Tiefen in der Stimme. Gerede, Gerede, Gerede, nichts sagend und doch in der Art und Weise viel sagend! Man wartet noch darauf, dass jetzt erklärt wird, wie sie im Bett sitzt. Alles in allem ist der Erzählung anzumerken: da ist ein gewisses Erstaunen, dass jemand dem Tod von der Schippe gesprungen ist und ein emotionales Untergehen in den Banalitäten einer medizinischen Behandlung. Jetzt gibt sie Empfehlungen an die Gesprächspartnerin: „Ey schenk ihr dosch e Buuch, sou was kuzwailiches. Wos sollse denn sonst machä." Also noch mal zum Mitschreiben: Sie berichtet, dass jemand in einer lebensbedrohlichen Situation gerade noch einmal durch die ärztliche Kunst gerettet werden konnte, d.h. das Leben noch einmal geschenkt bekam – und dann das: „Wos soll se denn sonst machä!" Da denkt man sich: Wie kriege ich die Zeit bis zu meiner Beerdigung noch rum? Die Öde dieser katastrophalen Lebensauffassung, lähmt alles, auch die Stimme. Und dann geht es irgendwie noch mal um Geschenke:" Isch hob mir gedascht so eene Heizdegge, des kann mä dosch immä brauche." Das sind die Leute, die einem ein Geschenk machen und die tiefste Dankbarkeit für den wunderbaren Einfall erwarten. Wer solche Verwandte hat braucht keine Feinde! Wenn dir bei der Betreuung nicht die Luft wegbleibt, dann bist du wirklich gesund! Gute Besserung Freunde!

Er mogs ned.

In der Gaststube ist wenig los. Dafür ist es noch zu
früh am Tag. Die Gaststube ist mit rohen großen
Holztischen ausgestattet. Es gibt keine Tischtücher,
das lässt das ganze angemessen urig erscheinen.
Die Speisekarte ist abwechslungsreich. Das Essen
vorzüglich. Die ehemalige Bahnhofswirtschaft irgend-
wo in Oberbayern ist ein Platz, an dem die bayrische
Lebensart spürbar ist: Leben und leben lassen.
Rundum ein Ort zum Wohlfühlen zum Abschalten,
zum genießen. Einer der wenigen Orte, an denen
keine Wünsche des Einkehr bedürftigen Gastes offen
bleiben. Sollte man meinen .....

Da sitzt am übernächsten Tisch einer mit seinem
Janker und seiner Frau. Die Reihenfolge ist kein Ver-
sehen. Erst der Janker, dann die Frau. Die Frau sagt
nix. Dafür redet er. Er redet mit dem jungen Kellner.
Der Kellner steht da und wartet auf die Bestellung
des Gastes. Dem scheint aber im Augenblick der
Sinn nicht danach zu stehen, etwas zu bestellen. Er
blättert zwar vorwärts und rückwärts durch die Spei-
sekarte, aber er hat nicht die Absicht, zumindest
nicht im Augenblick, sich daraus etwas auszusuchen,

was er gerne essen möchte. Aber was macht einer dann, wenn der Kellner dasteht und wartet? Kann man eine Speisekarte denn auch zu etwas anderem benutzen. Der Herr kann es und er erweckt dabei den Eindruck, dass er es perfekt kann. Dies wiederum weist darauf hin, dass er geübt hat und versiert darin ist, wie man eine Speisekarte auf diese Weise verwenden kann. Er erklärt dem Burschen, denn so behandelt er ihn, was er alles an der Speisekarte auszusetzen hat. Da sei ein Schreibfehler und das sei eine unsinnige Formulierung. Er redet etwa so: Ja sogds amoil .. Wieso schreibdsn ia do .. und ähnlich. Da der Bursche die Speisekarte nicht geschrieben hat, weiß er mit dem, was da an ihn hingeredet wird, nichts rechtes anzufangen und schweigt verlegen. Was den Herrn nicht daran hindert mit seiner herablassenden Gardinenpredigt an einen Unschuldigen fortzufahren.

Irgendwann nähert sich dezent der Wirt. Als der Herr ihn erblickt, macht er sprachlich auf dem Absatz kehrt und wechselt zu einem aufgesetzt kumpelhaften Ton: Grias di nocha. Er wechselt auch das Thema. Jetzt geht es um die Gastronomie. Wo man auch noch gut essen kann und wo es weniger empfehlenswert ist. Ob das den Wirt so brennend interessiert, was die Konkurrenz macht? Der Kellner ist nun nicht mehr interessant. Doch noch immer hat der Herr keine Bestellung für das Essen aufgegeben. Das hat der Herr auch offensichtlich nicht vor. Wo käme man hin, wenn man einem einfachen Kellner gegenüber auf seine Frage, was man essen will, auch noch antworten müsste. Der Kellner nutzt die Gelegenheit und zieht sich dezent zurück und damit auch aus der Affaire. Der Wirt hat die Situation erfasst und startet nun seinerseits eine Initiative: „Wos woidsn essn?"

Da die Frage nun aus dem Mund des Wirtes höchstpersönlich kommt, lässt sich der Herr dazu herab, sich doch langsam zu überlegen, was man denn essen könnte. Der Wirt macht noch die eine oder andere Empfehlung. Schließlich meint der Herr, „nocha bringst ma hoid den Salod mit Pute." Der Kellner befindet sich noch in Hörweite und nimmt die Anweisung vom Wirt entgegen: „an Salod mit Pute – gell"

Hatte ich schon erwähnt, dass der Herr nicht alleine war, sondern – ja genau – erst der Janker und dann die Frau. Ich glaube, die hatte auch etwas bestellt. Was, weiß ich nicht mehr. Als der Kellner den Salod serviert, lässt es der Herr an weiteren herablassenden Bemerkungen nicht fehlen. Dann braucht er für den Salat die Pfeffermühle. An den Kellner: Is des a gscheide. Ned doss da Pfeffa so grob is. Der Kellner reicht die Pfeffermühle dem Herrn. Der dreht ein halbes mal. „na schau da des o, des is jo so grob. Host koa ondare?" Inzwischen eilt aufs neue der Wirt herbei, der immer noch gute Mine zum bitterbösen Spiel macht, und erkundigt sich: Stimmt wos ned, konn i wos helfa?" und hört sich sie Klage über die schlechte Pfeffermühle an. Dann reicht er vom nächsten Tisch ein anderes Exemplar: Probiern´s de moi. Nun entspricht der geschrotete Pfeffer den Vorstellungen des Herrn. Nachdem nun der werte Gemahl Kellner und Wirt ausreichend genervt und schikaniert hat und nachdem inzwischen jeder, ob er will oder nicht, weiß, was dem Herrn genehm ist und was nicht, fühlt sich seine Frau gemüßigt sich mit einer beschwichtigenden Bemerkung zu Wort zu melden und meint unterwürfig nach allen Seiten schielend: Er mogs nämlich ned.

Väterliche Fürsorge

Väter zeigen sich in der Öffentlichkeit ihren Familien gegenüber oft ausgesprochen fürsorglich. In Griechenland sah ich mehrfach Väter, die für Frau und Kinder im Restaurant als Vorspeise eine ansehnliche Portion Pommes frites bestellten. Sobald die Platte serviert war, ergriff der jeweilige Vater den Salzstreuer und schwenkte ihn wie ein herrschaftliches Zepter über den frittierten Kartoffeln ausführlich hin und her. Es schien mir als Betrachter wie ein tiefsitzendes aus längst vergangenen Zeiten stammendes Ritual. Womöglich stammte es aus einer Zeit, in der Salz das weiße Gold war, und deshalb mit seinem Gebrauch eine hohe Verantwortung verbunden war. Kein anderer als das Familienoberhaupt war dazu befugt. Sonst müsste man doch wohl fragen: Warum salzt nicht jeder seine Portion, wenn er sie auf dem Teller hat nach Geschmack selber?

Doch der Vater, von dem ich hier erzähle, übertraf all diese Bemühungen um ein Vielfaches. Für sein Verhalten gibt es kaum eine historische Erklärung. So etwas hätte ein solcher Vater auch nicht nötig. Es gab im Hotel Frühstücksbuffet. Der Vater kam vor der Familie und begann für sie den Tisch herzurichten: Tassen, Teller, Besteck. All jene Dinge die sich im Normalfall jeder selbst vom Buffet holt und sich das auswählt, was er gerne frühstücken möchte. Aber was ist schon normal? Hingebungsvoll wählte der Vater aus und drapierte es auf dem Tisch. Dann trat die Familie ein. Oder sollte man besser sagen: die Familie trat auf? Die Frau Mama eine zerbrechliche Blondine und zwei gesittete Kinder, ein Junge, ein Mädchen, wie es sich gehört im zarten Alter zwischen 8 und 12 Jahren. Es war eine Familie wie im Bilderbuch. Wie gesagt: Der Herr Papa hatte die Speisen ausgewählt. Besonders angetan hatte es ihm das schwäbische Laugengebäck, das er reichlich im Brotkorb herbeigebracht hatte. Ich muss es hier noch einmal betonen: der Vater war nicht nur hingebungsvoll, er wirkte von seiner Fürsorglichkeit nahezu selbst überwältigt und strahlte absolutes Wohlgefallen nicht nur an der Familie sondern an der eigenen Väterlichkeit aus. Die Familie war in einem bilingual dialog Englisch-Deutsch mit den Planungen des Tages befasst. Nach einiger Zeit erhob man sich. Das väterlich vorbereitete Laugengebäck lag weitgehend unberührt noch im Brotkorb und war von der Familie verschmäht worden. Macht ja nix.

Re: Kauf dir ein gutes Gewissen! An Frida von ebay Kleinanzeigen

Hallo Frida von eBay,

da bin ich ja sprachlos. Ich komme aus einer Generation, in der Frauen sich dadurch ein ruhiges Gewissen verschaffen konnten, indem sie Lenor verwendet haben. Nun scheint es ihnen gelungen zu sein, ein Produkt entwickelt zu haben, bei der die Vermittlung eines guten Gewissens direkt erfolgen kann. Oder habe ich da etwas falsch verstanden? Da ich an einem guten Gewissen interessiert bin, bitte ich Sie mir die Konditionen und Zahlungswege für den Erwerb eines solchen mitzuteilen, ggf. auch in Form eines ABO oder falls es so etwas gibt, Staffelpreise. Weiter lege ich beim Erwerb eines solchen Produkts großen Wert darauf, über die Herstellungsbedingungen informiert zu werden im Blick auf Nachhaltigkeit und dem Nachweis, dass bei der Produktion keine Kinderarbeit in Anspruch genommen wurde und in der Produktionskette humane Arbeitsbedingungen und eine angemessene Entlohnung gewährleistet sind.

Mit freundlichen Grüßen

Selbstverständlich freut es mich, dass Sie auf diesem Wege etwas im Interesse der Gleichberechtigung für Männer auf den Weg gebracht haben. Denn das Lenorgewissen gab es wie gesagt nur für Frauen.

Wie im Kindergarten

- unfreiwillig mitgehört im Nahverkehrszug

Über das halbe Großraumabteil verstehe ich jedes Wort. Eine erzählt der anderen von ihrer Arbeit. Wie nett es ist und wie schwierig zugleich. Aufmerksam kommentiert und mit Rückfragen versehen von ihrer Gesprächspartnerin: Und was machst du dann? Nach und nach stellt sich heraus. es geht um ein kreativ künstlerisches Beschäftigungsangebot in einer stationären Einrichtung für Menschen mit einer Demenzerkrankung. Sie liefert interessante Details und Beschreibungen. „Also sprachlich sind die so und so... Aber wenn dann einer … und dann sind die anderen gleich neidisch. Ich kann mich ja nicht nur um einen kümmern … Also manches mal ist es auch wirklich nett mit denen und wenn einer gehen will, dann lasse ich ihn halt gehen, weil sonst habe ich mit dem einen mehr Arbeit, als mit der ganzen Gruppe." Und dann kommt dieser verräterische Satz: „manches mal komme ich mir vor, wie im Kindergarten." Tja, wie sagt man doch: wer in den Wald hinein schreit, fällt selbst hinein" - oder so? Ich hab das jetzt sprachlich nicht mehr so ganz auf der Reihe. Bin froh, dass sie mich nicht gehört hat. Sonst würde sie vielleicht meine Sprachkompetenz bewerten und dann würde sie sich um mich kümmern und mich eigentlich ganz nett finden.

Ich kann mich des Eindrucks nicht erwehren, dass die Sache mit dem Kindergarten eher mit der Dame zu tun hat, als mit den ihr anvertrauten Menschen. Ich stelle mir vor, ich wäre eines Tages ein solcher Mensch. Ich wäre einer solchen Person und ihren unreflektierten Überzeugungen schutzlos ausgeliefert, die meine Restfähigkeiten beurteilt und deren Fördermaßnahmen ich ausgesetzt. Tief drinnen in mir wächst die Vorstellung, sie dann zu erwürgen. Vielleicht, wenn ich gerade sehr nett wäre, würde ich ihr auch nur in die Kaffeetasse spucken.

Sonntag Morgen um Viertel nach Neun auf BR-Klassik

Es ist immer wieder erstaunlich, wie selbstver-
ständlich, sich das Ungeheuerliche präsentieren
kann. Jeden Sonntag zur genannten Zeit findet
auf UKW zum Ergötzen eines elitären Zuhörer-
kreises ein kulturelles Massaker statt. Die Ver-
anstaltung tarnt sich mit dem Begriff Musikrätsel.
In dieser Sendung werden gnadenlos Biographi-
en von Komponisten, Sängern, Dirigenten, In-
strumentalisten durch die Mangel gedreht. Le-
bensgeschichten werden vorwärts und rückwärts
gewendet. Intimitäten ans Licht gezerrt, Erfolg
und Misserfolg weidlich ausgebreitet. Man kann
es nicht anders sagen: die Privatsphäre und das
öffentliche Wirken, werden zum Vergnügen der
Zuhörerschaft wie Schweinehälften, zerlegt, ent-
beint, und bis zur Unkenntlichkeit durch den
Fleischwolf gedreht. Dass dies alles nichts mit
der Wirklichkeit des Lebens von Musikschaffen-
den zu tun hat, sei dahin gestellt. Kein Stoff
bleibt ausgespart. Gleichgültig ob Bibel, Sage,

Liebe, Leid alles wird verwurstet. Dabei werden auf makabere Weise die Musikerkarrieren genau jenem Publikum aufgetischt, die zu deren Lebzeiten (Die meisten Musiker sind schon tot.) anhand ihres Publikumsgeschmacks über deren Wohl und Wehe entschieden und für Beifall oder Buhrufe gesorgt haben. Ebendieses elitäre selbstgefällige Publikum bekommt nun abermals in gleichbleibender Regelmäßigkeit Werk und Leben der Künstler am Sonntag respektvoll ausgedrückt - zum Frühstück aufgetischt . Man könnte auch sagen: Sie bekommen es aufs Neue zum Fraß vorgeworfen. Oder noch deutlicher: Während Frau und Herr Kulturbeflissener das Frühstücksei köpfen, kämpft der Opernheld ums Überleben und der Komponist der Arie um sein Auskommen. Entsprechend dem Kirchenjahr ist womöglich sogar der Herr Jesus mit von der Partie. Wer sich auch nur einen Rest von Geschmack bewahrt hat, dem dürfte bei einer solchen Präsentation der Appetit vergehen. Von Kunst oder Kultur bleibt da nicht mehr viel übrig.

Lügenpresse

aus einem Brief an Herrn P., Journalist

Die Aufgabe der Medien besteht aus meiner Sicht darin, ein Narrativ zu gestalten und der Gesellschaft anzubieten. Wie beim erzählten Leben ergibt sich die Art des Narrativs nicht aus den Ereignissen selbst. Medien sind also in diesem Sinn Geschichtenerzähler. Die Geschichten, die sie erzählen, haben einen Effekt. Diesen Effekt gibt es seit biblischen Zeiten. Sie führen dazu, dass die Menschen, die sich Geschichten anhören, zu einer Erzählgemeinschaft werden.

Meine Nachbarin, die 1989 drei Jahre alt war, in Sachsen aufgewachsen ist und sich als bekennende Atheistin bezeichnet, wird den Mauerfall ganz anders erzählen, als ich. Ich bin Jahrgang 1955, bin bekennender Christ und Theologe und stand einmal am Checkpoint Charlie auf dem Beobachtungspodest und habe mit stillem Schauer die Grenzsoldaten im Wachturm gegenüber stehen sehen. Ich kenne den damals vorhandenen Antikommunismus im Westen und habe den Satz in den Ohren (er wurde nicht mir gesagt.): „Geh doch nach drüben", wenn einer etwas wollte, was unbequem war. Und darin liegt nun die Schwierigkeit, dass wir nebeneinander wohnen, aber dass unsere Narrative in der Frage unserer Zugehörigkeit und Herkunft, wesentlich voneinander unterscheiden und trennend wirken. Wäre das Narrativ die einzig entscheidende Größe müsste ich sagen: „Wir sind nicht ein Volk." Das ist nur ein Beispiel für die Wirkung von Narrativen.

Die Medien sollen also Geschichten erzählen. Wo der genaue Unterschied zwischen Mediengeschichten und den Geschichten der Scheherazade aus Tausend und einer Nacht ist, lässt sich nicht genau festlegen. Deshalb ist der Vorwurf der Lügenpresse ein billiges Argument und der wieder und wieder entbrennende Streit um die (letzte) Wahrheit oder die wirkliche Wirklichkeit erweist sich als Streit um des Kaisers Bart. Die Gemeinsamkeit von Journalismus und den Geschichten aus Tausend und einer Nacht liegt darin, dass die Geschichten eine Wirkung erzielen sollen. Die Verantwortung des Geschichtenerzählers liegt darin, dass sie (Scheherazade) oder er (der Journalist) sich über den möglichen Effekt des Erzählten Rechenschaft gibt. Der Effekt der Erzählung ist nicht prognostizierbar. Der Geschichtenerzähler muss darum bangen, ob seine Geschichte etwas Nützliches für ihn oder eine Gruppe bewirkt.

Seitdem ich mir das klar gemacht habe, sehe ich die Dinge deutlich gelassener und erfreue mich an guten Geschichten, wie sie mir von verantwortungsvollen Journalistinnen und Journalisten in Zeitungen und Fernsehmagazinen angeboten werden.

Mit freundlichen Grüßen

Risikolos

Hier tanzt

oder fällt

keiner

weder

aus der Reihe

noch

aus dem Rahmen.

Der Löwe im Kuhstall

Nike Viola Baumann, 8 Jahre (2014)

Dem Löwen war zu Ohren gekommen, dass dem-
nächst wieder einmal sein Jagdrevier verkleinert wer-
den sollte. Es war ohnehin seit längerem schwierig
als Löwe sein Auskommen zu haben. Das lag vor al-
lem an den vielen Vorschriften, mit denen die Jagd
auf Wild auch für Löwen geregelt worden war. Die
oberste Naturverwaltungsbehörde hatte immer wie-
der neue Vorschriften zur Humanisierung der Jagd

beschlossen. Die Vorschriften besagten beispielsweise, dass der Löwe nur dann ein anderes Tier aus Gründen der Ernährung erlegen durfte, wenn er dies dem betreffenden Tier im Voraus in einer genau festgelegten Frist von 17 ½ Tagen bei Vollmond persönlich mitgeteilt hatte. Schon mehrfach hatten befreundete Tiere wie der Elefant oder das Krokodil dem Löwen empfohlen, sich doch einen anderen Erwerb zu suchen und von Löwe auf etwas anderes um zu satteln. Doch der Löwe hatte lange gezögert. Er war nicht mehr der Jüngste und es würde ihm schwer fallen lieb gewordene Gewohnheiten, wie das Krallenwetzen an einem Baum oder sein ohrenbetäubendes Gebrüll beim Liebesakt zugunsten anderen Verhaltens aufzugeben, was aber nötig war, wenn er sich eine andere Existenzgrundlage schaffen wollte. Zunächst überlegte er, in welche Branche er wechseln sollte. Eine Zeitlang überlegte er sich, es bei den Wasserbüffeln zu versuchen, aber Wasserbüffel waren einmal seine Leibspeise gewesen und außerdem mochte er es lieber trocken und konnte sich nicht vorstellen, den ganzen Tag im schlammigen Wasser zu verbringen. Auch dem Dasein als Elefant fühlte er sich nicht recht gewachsen, da er nicht wusste, wie er bei seiner Größe und ohne Rüssel an die hohen

Äste kommen sollte. Selbst als Krokodil oder Riesen-
schlange hätte er wohl seine Schwierigkeiten gehabt.
Irgendjemand erzählte ihm eines Tages, dass in sei-
ner Umgebung noch Milchkühe gebraucht würden,
und es in den Kuhställen noch den einen oder an-
dern freien Platz gab. Er stellte es sich durch aus
reizvoll vor zwischen einigen attraktiven Jungkühen
den ganzen Tag im Trockenen zu stehen ohne der
sengenden Sonne ausgesetzt zu sein und ein festes
Futtergehalt zu beziehen. Also bewarb er sich für
eine Umschulungsmaßnahme zur Milchkuh. Zu-
nächst sollte er die Sprache der Milchkühe erlernen,
damit er sich auf der Weide und im Stall einigerma-
ßen verständigen konnte und nicht unangenehm auf-
fiel. Er übte fleißig. Die Kuhsprache unterschied sich
nicht sehr von der Löwensprache. „Brül"l in der Lö-
wensprache heiß in der Kuhsprache ebenfalls „Brüll",
nur wurde es anders ausgesprochen. Der Löwe
musste seine Stimme ordentlich trainieren um mit
seinem auf Löwengebrüll eingestellten Kehlkopf die
notwendigen Frequenzen für die Kuhsprache erzeu-
gen zu können. Schließlich beherrschte er nach gut
drei Monaten die Kuhsprache sowohl aktiv wie pas-
siv. Er verstand das Meiste und konnte sich ebenso
für den Alltag gut verständigen. Allerdings hatte er

noch einen deutlichen Akzent, so dass jede Kuh gleich hörte, dass er einmal als Löwe unterwegs gewesen war. Die Umschulungsagentur vermittelte ihm daraufhin ein Praktikum als Milchkuh in einem mittleren Kuhstall, mit 72 andern Milchkühen. Bei seiner Ankunft wurde er von einer wegen seines Aussehens zunächst irritierten Kuhmagd an seinen Platz zwischen zwei schwarzweiß gefleckten Jungkühen angekettet. Es war fast so, wie er es erträumt hatte, denn die beiden waren nicht nur jung sondern auch einigermaßen hübsch und flirteten gerne mit ihm. Gegen Abend fuhr der Bauer mit dem Traktor herein – es war ein sehr moderner Milchproduktionsbetrieb – und lud frisches Gras ab, das gleich vor den Köpfen der Tiere auf den Boden fiel. Die Kühe fingen sofort gierig an das Gras herunter zu schlingen. Der Löwe war zwar hungrig, aber Gras hatte er noch nie gefressen und so knabberte er nur ein wenig an den Halmen herum. Im Stillen sehnte er sich nach einem saftigen Steak. Du musst wiederkäuen, sagte die Kuh links neben ihm, sonst kann dein Körper das Gras nicht verarbeiten und sie zeigte ihm, wie man das gefressene Gras ohne es von sich zu geben, wieder aus dem Magen holen, aufs Neue mit verdauendem Speichel versehen und zu einem sehr feinen grünen Brei zermahlen konnte.

Leider ist nicht überliefert, wie es mit dem Löwen im Kuhstall weiter gegangen ist.

Mir fallen insgesamt drei unterschiedliche Ausgänge der Geschichte ein:

Möglichkeit 1:

Mangels ausreichender Milchleistung, war der Löwe noch vor Beendigung des Praktikums wieder entlassen worden und entschließt sich doch wieder als Löwe zu leben.

Möglichkeit 2:

Der Löwe integriert sich vollständig. Er vergisst, dass er jemals Löwe gewesen ist, erlernt erfolgreich das Wiederkäuen und wird eines Tages als erfolgreiche Milchkuh prämiert.

Möglichkeit 3:

Eines Morgens fehlt die Kuh links neben Löwen. Er wird wegen Mordverdacht verhaftet und in einem großen Prozess zu lebenslänglich verurteilt.

Pflastermalerei in Hamburg

Dissoziativer Versuch

Freiheit der Gedanken

2+1 = Eierlöffel

2+2 = rot

2+3 = Rosenkohl

2+4 = Schnürsenkel

2+5 = Wasserhahn

2+6 = Federbett

2+7 = Kaffeesatz

2+8 = Vanilleeis

Im Backofen tanzt das Staatsballett
den Nussknacker.

Im Kühlschrank rauschen die Niagarafälle.

Im Hefeteig tummeln sich die Goldfische.

Springreiter trainieren im Sitzungssaal des Rathauses.

Der Pastor auf der Kanzel spielt Diavolo.

Katz und Maus kochen Spagetti.

Die Blaumeise holt mit der Gießkanne Wasser im Stücht* und gießt die Krawatten im Beet.

Schlaf-an-Züge halten an jeder Station.

Langstreckenpiloten schaffen Querverbindungen zwischen Mollakkorden.

Stichworte lärmen im Karteikasten und feiern eine wilde Party.

Die Spülmaschine liest die Tageszeitung gründlich.

Die Mikrowelle schreibt einen Leserbrief zum Leitartikel.

Auf der Straße liegen verstimmte Stradivarigeigen.

Aus den Wolken regnet es Steuerbescheide.

Im Kühlschrank probt das Symphonieorchester.

Weinbauern schneiden kostenlos die Haare.

Im Eisenbahntunnel tagt der Landtag.

Im Kochtopf herrscht Langeweile.

Kurpfuscher bieten Malkurse an.

Auf dem Acker wächst die neue Ernte der Bücherregale heran.

Kartoffeln fliegen durchs Küchenfenster und picken die Krümel vom Fußboden.

Würdenträger tanzen Ringelreihn.

Käsesemmeln spielen Schlagzeug.

Orgelpfeifen machen Kassenabschluss.

Deckenventilatoren spielen Oldies.

Vor der Ampel stauen sich die Ruderboote.

* begrenzt lokal verwendeter Begriff für ein Wasserbassin
im Garten

Stets nur das Beschde

Enneagramm gedeutet für meinen Freund
Erhard J. W.

Die geradlinige Eins   Die hochnäsige Zwei

Die verkurvte Drei   Die ausgebreitete Vier

Die laute Fünf

Die heitere Sechs

Die bescheidene Sieben

Acht

Die verschlossene

Die verschnupfte Neun

Wahlhoffnungen

Sie hoffen
von Wahl zu Wahl

auf Veränderung
dass es endlich besser wird
die einen

oder auf Bestand
damit es wenigstens
nicht noch schlechter wird
die anderen

beide verlieren dabei
die Fähigkeit
zur Erneuerung
wie zur Bewahrung
und jeder für sich
bleibt hoffnungslos

Lauda-Königshofen

Mit Erinnerungen ist es oftmals eigenartig. Sie schlummern tief im Verborgenen, doch wenn ein Anstoß erfolgt, werden sie wach. Der Anstoß in diesem Fall erfolgte dadurch, dass ich auf der A 13 das erste Mal an der Ausfahrt Lauda-Königshofen vorbei kam. Ich bemerkte, diesen Ortsnamen bereits einmal gehört zu haben, obwohl ich noch nie da war: Lauda-Königshofen. Das ist ein Name der für sich schon Poesie sein könnte. Dieses geheimnisvolle Wort „Lauda-Königshofen" hatte sich ganz offensichtlich dem jungen Mann oder Knaben, der ich einmal war ins Gedächtnis eingebrannt. Die Erinnerung an diesen Namen verband sich damit, dass dem Knaben damals bei seiner Erwähnung etwas befremdlich vorgekommen war. Doch der Zusammenhang von damals war augenblicklich wieder präsent. Dieser Ortsname war eingebettet in einen einzigen Satz den Erwachsene untereinander ausgetauscht hatten: „Seine Frau ist aus Lauda-Königshofen". Wer dieser eine war, dessen Frau aus Lauda-Königshofen kam, war ihm auch damals nicht klar. Es war jemand über den man redetet. Und man erzählte davon in der Weise, dass es eine Besonderheit war, dass eine Frau nicht einfach aus Ziegelstein oder vom Maxfeld kam, sondern aus Lauda-Königshofen. Es musste sich, das war klar, um etwas recht exotisches handeln. Eine Frau aus Lauda-Königshofen, das klang so als sei sie den Geschichten aus Tausend und einer Nacht entsprungen. Eine edle Pflanze, die selbstverständlich einer besonderen Pflege und Aufmerksamkeit bedurfte. „Seine Frau kommt aus Lauda-Königshofen", dieser Satz transportiere auch in der Erinnerung noch den Nimbus, dass es dabei um einen Mann ging, dem seine Lebensbedingungen in Gestalt einer Frau aus Lauda-Königshofen es nicht erlaubten, sich allzu regelmäßig mit Freunden und Bekannten zu treffen, da ihn seine diesbezüglichen Verpflichtungen ganz in Anspruch nahmen und er für anderes weder Augen noch Ohren haben konnte, oder durfte. Ich war immer noch nicht in Lauda-Königshofen. Ich vermute, dass es trotz des wohlklingenden Namens irgendein Kuhdorf in der Würzburger Gegend ist.

Vater bestellt sich Kaiserschmarrn

Ab einem bestimmten Zeitpunkt waren wir eine be-
sondere Familie und fühlten uns auch so. Das be-
sondere an unserer Familie war, dass wir eines Ta-
ges sozusagen ohne Vorwarnung und von heute auf
Morgen, einer weniger waren. Wir trugen es als stil-
les und verbindendes Geheimnis bei uns, dass der
Bruder im Alter von 15 Jahren gestorben war. Wir
trugen es an uns wie eine geheime Auszeichnung,
dass uns solches widerfahren war. Nicht jeder konn-
te schließlich so etwas in seiner Familie vorweisen.
Allerdings erwies es sich je länger je mehr als Täu-
schung, dass damit irgendetwas gewonnen oder gar
bewältigt wäre. Es half nicht darüber hinweg, dass
meine Eltern zu der Gruppe von Menschen gehörten,
die man Jahre später zu den verwaisten Eltern rech-
nete und es sich nicht eingestehen wollten. So kam
es, dass sie mit dieser Erfahrung im Grund nie fertig
wurden.

Nach dem großen Ereignis dauerte es zwei drei Jah-
re, bis die vierzehn Tage oder drei Wochen Sommer-
urlaub diesen Namen wieder einigermaßen verdien-
ten. Hatte man die Jahre zuvor den Urlaub bewusst

an verschiedenen Orten verbracht, weil man ja etwas von der „Welt" sehen wollte, so fand man es in den Jahren danach eher angenehm, an einen vertrauten Ort zurückkehren zu können. Dieser Ort war ein Bauernhof in Tirol oberhalb eines Sees, der groß genug war, um den Namen See zu verdienen und der klein genug war, dass er im Sommer ausreichend aufgewärmt wurde, so dass man darin baden konnte. Das Quartier war einfach. Man bekam eine der Schlafstuben im ersten Stock des Hofes. Vor dem Fenster plätscherte der Brunnen und man hätte sich gerade so auch am Brunnen waschen können, was die Gäste auf dem Nachbarhof mangels anderer Möglichkeit auch taten. Es gab Übernachten mit Frühstück. Das Frühstück nahm man in der großen Bauernstube ein. Tagsüber fuhr man an den See oder machte einen Ausflug. Abends saß man mit den Bauersleuten und den anderen Feriengästen auf der Bank vor dem Haus und sah der Sonne beim Untergehen zu.

In einem dieser Sommerurlaube war es, als mein Vater eines Mittags Kaiserschmarrn bestellte. Man muss sich das so denken, dass alle Familienmitglieder bei der mittäglichen Einkehr preisbewusst waren. Ein günstiges Mittagessen war so etwas wie ein gemeinsamer Erfolg. Trotzdem war es so, dass man nicht übertrieben sparsam war. Man zahlte in Schilling und sieben Schilling waren eine D-Mark. Ein normales Mittagessen kostete zwischen 35 und 40 Schilling. Die Gasthäuser, in denen man einkehrte, ließen sich an einer Hand abzählen. Der Kirchenwirt hatte eine gute Küche und die Preise waren zivil, wie man so sagte. In einem Seitental gab es noch ein kleines Ausflugslokal, die Fuchsgrube. Die Auswahl an Speisen war etwas eingeschränkter als beim Kirchenwirt, aber auch da wurde man satt.

In jenem Ausflugslokal geschah es, dass Vater sich Kaiserschmarrn bestellte. Er tat es mit deutlichem Nachdruck und er hatte auch seit dem Tag zuvor immer wieder davon gesprochen, Kaiserschmarrn zu essen. Kaiserschmarrn war das billigste Gericht auf der Speisekarte und es gab ihn auch nur in diesem Lokal. Ich glaube, dass Vater extra deswegen an diesem Tag in dieses Lokal gefahren ist. Aus seiner Sicht war es so etwas wie eine Wiedergutmachung und er tat es auch aus einem gewissen Trotz heraus. Adressat dieser Aktion war in erster Linie Mutter. Sie sollte besänftigt werden, für etwas, was sich am Tag zuvor zugetragen hatte. Zu meiner Beschämung muss ich gestehen, dass ich mich damals der Entrüstung Mutters angeschlossen hatte und so die Wiedergutmachungsaktion ebenfalls ausgelöst hatte. Vater hatte es angekündigt und Vater tat es: Er bestellte Kaiserschmarrn. Das billigste Gericht auf der Karte 14 ÖS. Die Wiedergutmachung, die er damit erreichte, hielt sich in Grenzen. Den am Vortag in Schieflage geratenen Haussegen, konnte der damit nur unzureichend wieder gerade rücken. Bei Mutter erreichte er mit seiner Aktion gerade einmal ein verächtliches Schnauben, nach dem Motto hättest du nicht, dann bräuchtest du nicht. Allen war klar, dass ein erwachsener Mann von der Handvoll Kaiserschmarrn und dem Aprikosenkompott nicht satt werden konnte. Irgendwie wirkte Vater bei dieser Aktion eher als Märtyrer, der Mutter und mir zeigte, wie sehr er zu leiden hatte, denn als reuiger Büßer. Mutter konnte tagelang nachtragend sein und in diesem Fall war sie es über den Kaiserschmarrn hinaus. Wenigstens tat sie so, als ob ihr Gemüt noch nicht ausreichend besänftigt wäre.

Ich sagte es schon, dass unsere Familie sparsam gelebt hat. Nicht so, dass ich je den Eindruck bekommen hätte, dass wir uns irgendetwas nicht leisten konnten, aber auch so, dass man darauf schaute, dass man nicht unnötig oder übertrieben Geld ausgab. Darin herrschte zwischen meinen Eltern eine stillschweigende Übereinkunft. Ich kann mich nicht erinnern, dass mein Vater wesentlich von dieser Linie abgewichen wäre und sich irgendwelche Ausnahmen genehmigt hätte. Wie gesagt, es gab nicht viel, was sich Vater außer der Reihe gönnte. Wenn überhaupt, hatte er nur eine Leidenschaft, wenn man das so nennen konnte: Er aß für sein Leben gern Forelle blau. Tags zuvor prangte am Eingang beim Kirchenwirt ein Schild: „heute fangfrische Forellen". Vater kannte den Unterschied zwischen einer fangfrischen und einer tiefgefrorenen Forelle. Mutter hatte nur die Urlaubskasse im Blick. Der Preis für eine Forelle blau lag weit über dem, was durchschnittlich für ein Mittagessen im Gasthaus eingeplant war. Unmissverständlich machte sie Vater klar, was sie von der Idee hielt, dass er sich eine Forelle blau bestellte. Die Bedienung kam. Jeder bestellte. Mutter sperrte vor Entrüstung Augen und Mund auf, als Vater ohne mit der Wimper zu zucken, Forelle blau bestellte. Schlagartig bewegte sich das Thermometer des Urlaubsklimas trotz der der sommerlichen Außentemperaturen an unserem Tisch gegen den Gefrierpunkt. Gesprochen wurde während dieser Mahlzeit und auch am Rest des Nachmittags nicht mehr sehr viel. Ich muss vielleicht dazu sagen, dass Vater kein Egomane war.

Das habe ich immer wieder daran gemerkt, dass er auch mir gegenüber großzügiger war, als es Mutter manches Mal recht war. Nur diesmal war es also zu seinen Gunsten. Ich glaube auf dem blau-weißen Fähnchen, das in der Forelle steckte, standen siebzig Schilling. Also das Doppelte des vorgesehenen Etats. Immerhin, aber sicher kein Anlass, eine Staatsaktion daraus zu machen. Was ich aus heutiger Sicht bemerke, ist, dass Vater wohl sehr geübt gewesen sein muss, die Stimmungseinbrüche seiner Frau abzufedern. Mit bewundernswerter Gelassenheit nahm er ihren Missmut hin. Schließlich hat er sich auch nicht davon aus der Ruhe bringen lassen, dass sein Versöhnungsangebot in Form des Kaiserschmarrns am anderen Tag nicht die beabsichtigte Wirkung erzielte.

In Erinnerung ist es mir geblieben. Vielleicht deshalb, weil unter dem Strich die Irritation darüber bleibt, dass Vater mit dem Kaiserschmarrn, ein Problem lösen wollte, das keines hätte sein müssen.

Gnade vor Recht

Wo Gnade vor Recht ergeht

überzeugt Geradlinigkeit im Chaos

können aus Gegnern Vertraute werden

und Freiheit wächst aus der Verlässlichkeit

So ist des Schriftsetzers Schwarz und Weiß

voller Buntheit

und Luft und Liebe genügen zum

Sattwerden

Nach – Lese

(Brigitte)

Du hast
was mich bewegt
nicht verstanden

nicht gesehen
was mein Anliegen war

nicht bemerkt
wo es mir
um dich ging
um das
was ich
für gültig
gehalten habe
zwischen uns

wie solltest du auch

denn du hast

mich

ja nicht gefragt

und unwissend

wie du warst

dein Urteil gefällt

den Stab gebrochen

vernichtend

fiel dein Richtspruch

AUS

Überlegung

Wenn wir

atheistischer

denken würden,

würden wir

vielleicht

nicht so

gottlos

handeln.

Sein Nachtgebet

Es kam nicht häufig vor, dass er am Bett des Jungen saß um das Nachtgebet für ihn zu sprechen, weil er sonst nicht da war, wenn die Kinder zu Bett gebracht wurden. Sonst waren es die Eltern, die das Nachtgebet sprachen. Sie dankten für den Tag und baten Gott um seinen Schutz für die Nacht und um einen erholsamen Schlaf. Wenn er zum Jungen ins Zimmer kam, dann deshalb, weil er es sich wohl ausbedungen hatte und die Eltern ohne recht davon überzeugt zu sein, dass es für den Jungen auch gut wäre, wohl oder übel zugestimmt hatten. Doch sein Gebet war völlig anders als das der Eltern. Der Junge bemerkte es und war auch damals darüber erstaunt. Für sein Gebet kam er mit nur wenig Vokabeln aus und es folgte einem strengen formalen Ablauf. Es bestand aus gerade einmal zwei Elementen: dem Wort „Segne", einem grammatikalischen Optativ oder in diesem Falle Rogativ und einer Liste von Namen von Menschen, die er kannte und von denen er der Meinung war, dass sie den Segen Gottes nötig hätten oder zumindest gut gebrauchen konnten. Das Gebet folgte also konsequent der gleichbleibenden Form: Segne <<Name>>. Sie endete nahezu standardmäßig mit

„Segne - << Name der Ehefrau>> und „Segne <<Akkusativ Personalpronomen 1. Person singular>>, also: mich. Danach folgte ein beherztes Amen. Auch die Namen der Eltern des Jungen und der Name des Jungen selbst wurden genannt. Der Junge lag mit offenen Augen da und schaute in die Dunkelheit. Er lauschte dem ihm von einigen Malen davor vertrauten Ritual. Es war so, als ob der Mann mit buchhalterischer Genauigkeit dem lieben Gott die Liste der Namen vortrug, damit der bei seinem Segnen auch ja keinen übersieht oder womöglich vergisst. Nach dem Amen verließ er das Kinderzimmer und der Junge atmete erleichtert durch.

ARD-Zuschauerredaktion

Sehr geehrte ProgrammmacherInnen,

wird es nicht langsam Zeit, König Fußball auf das Altenteil zu schicken? 20% weniger Zuschauer als bei der letzten EM. Fußball das war mal was für die Arbeiter in den Fabriken, wo die einfachen Leute durch sportliche Leistungen und sportlichen Erfolg außerhalb ihrer Welt Bedeutung und mancher sogar so etwas wie Ruhm bekommen konnte. Es waren antimilitaristische Helden. Das ist lange her. Die Zeiten haben sich geändert. Neulich las oder hörte ich: Fußballer verdienen obszöne Gehälter. Wer mag sich schon auf Dauer Obszönitäten anschauen. Und da ist ja auch noch die Art der Moderation. Früher ging es um das, was auf dem Platz passiert ist. Heute wird jedes Spiel totmoderiert. Wie gesagt: Ich glaube es ist Zeit, dass etwas Neues kommt. Der Fußball ist es nicht mehr wert, das gewohnte Unterhaltungsprogramm platt zu bügeln.

Mit freundlichen Grüßen

Nebel über dem Land

Alles Klare und Scharfe verschwindet.

Die Welt wird leiser als sonst.

Die Berufstätigen in der S-Bahn machen den Eindruck, als ob auch ihnen die Orientierung schwer fällt. Sie bewegen sich verhalten, fast benommen. Der Nebel legt sich auch auf sie. Er deckt zu, packt in Watte, doch er löst nichts. Nebel ist keine Lösung.

Ach diese Abkürzungen!

Lieber Liturg,

ich freue mich auch auf die Gaudi mit dir. Ach nein, das heißt ja Godi in deinem Betreff. Na ja, wenn ich meine Brille nicht aufhabe, dann passiert mir so was schon mal. Ich dachte schon wir hätten mal wieder was zum Lachen miteinander. Aber Godi klingt ja auch schön. Richtig niedlich. Mein Goldhamster hieß immer Bazi. Es war ja genau genommen nicht ein Goldhamster. Es waren in Reihe und mit Unterbrechung fünf bis sieben Goldhamster und die hießen alle Bazi. Die oder der hatte immer ein Bettchen aus Camelia® und man musste die rosa Auflage wegmachen, damit es nicht so auffiel. Das ist aber ein anderes Thema. Wie komme ich jetzt darauf? Ach ja wegen der Godi Gaudi. Ja ich wollte sagen, dass ich bei Godi immer an etwas niedliches denken muss, wie zum Beispiel an meinen Goldhamster, den Bazi. Das liegt einfach an dem "i" am Wortende, das wirkt irgendwie diminutiv. Das ist so ähnlich wie das alemannische "le". Godile ginge ja auch. Zumindest phonetisch. Man kann es noch dranhängen, das "le" von den Spätz-le, Häusle, Dächle usw. Da fällt mir gerade auf, dass bei Spätzle das "le" so fest mit dem Wort verwachsen ist, dass man es nicht mehr ablösen kann. Sonst müsste man ja sagen, ich koche am Sonntag Spätz. Wie schrecklich! Da muss man ja bei Godi höllisch aufpassen, dass da nicht mal irgendwas bleibt, bleibt, bleibt. Aber vielleicht könnte es sogar ein Trend werden mit dem "i". Beim Konfi ist es ja bereits vorhanden. Der unaussprechbare Konfirmandenunterricht, der schon als Wort eine Bedrohung ist, wird liebevoll verkleinert und handhabbar gemacht. Man macht sich die Wirkung des „i" wie in Klausi, Hansi und Mausi zunutze. Unklar allerdings ist die Wirkung bei Namen oder Worte, die ohnehin auf „i" enden: Uli, Susi, Moni. Ähnlich unsicher bin ich mir im Blick auf die Wirkung des „i" bei Uni. Aber irgendwie hat dieses „i" auch bei Uni denk Klang von "nimm´s leicht". Ich sags doch: Was hinten dran ein „i" hat, ist niedlich: Godi. Ich hab es mal ausprobiert. Ohne das „e" am Ende klingt sogar Pandemi(e) viel netter: unsere Pandemi. Wenn man zum Gottesdienst Godi sagt, hat das womöglich den Grund, dass Gottesdienst viel zu mächtig und bedeutungsvoll klingt und man sich genötigt sieht, eine sprachliche Entschärfung vorzunehmen, um sich selbst und andere nicht unnötig zu beunruhigen. Diese freundlich lächelnde Abkürzung Godi, sagt dem Spracherfahrenen: Alles halb so schlimm! Nimm´s leicht! Kein Grund zur Beunruhigung. Godi, Klausi, Mausi, dutzi, dutzi. Alle Unklarheiten, die mit dem Wort Gottesdienst einhergehen, sind damit aus dem Weg geräumt. Wer dient wem und warum? Sei´s drum. Mit Godi macht das Beten Spaß! Das „I" am Wortende sollte endlich auch bei den Kirchen in seiner Wirkung als Sympathieträger gewürdigt werden. Am Sonntag gehen Mausi und Klausi zum Godi. Klingt wirklich werbewirksam. Und warum denn auch nicht. Sonst könnte noch jemand auf die Idee kommen, Gottesdienst sei für die Christen etwas von Bedeutung, dem sie auch sprachlich mit gewisser Sorgfalt und gewissem Respekt ge-genüberstehen. Am Ende würde man uns dann auch noch ernst nehmen und das könnten wir ja nun gar nicht gebrauchen. Man könnte einen Werbespruch für die Bahn entwickeln: „Mit uns sind Sie ruckiZugi am Ziel". Mein Nachbar fällt mir auch noch ein. Der ist noch ein paar Jahre älter als ich und alle sagen Ernsti zu ihm. Ich glaube, dass ihm das nicht so gut gefällt. Bei allem, was uns heilig ist, das mit dem „i" sollten wir nicht auf die leichte Schulter nehmen. Aber wenn die Pandemi überstanden ist, feiern wir auch mal wieder Godi. Das wird dann bestimmt ganz cool. Mit ner tollen Predi nach dem Lob-preisi. Die Katholiken dürfen sich dann bei der Eucharisti wieder zum Friedensgruß die Handi (bitte nicht mit den Handys verwechseln) geben.

Deini

Reinhardi

Sorri ich hatte noch „is" übrig, die mussten noch weg.

Städte und Stationen

Hamburg

Sonntags um halb acht am Morgen gehört der Bahnhofsvorplatz den Tauben.

Bremen

Bremen begrüßt die ankommenden Reisenden mit unangemessenen Dimensionen eines Bahnhofsgebäudes und eines ebensolchen Bahnhofsvorplatzes. Man sieht es sofort: Hier ist viel Platz. Es fragt sich nur: Wofür?

Auf der großen Wiese zwischen Menschen beiderlei Geschlechts, die ihren Rausch ausschlafen, tummeln sich die Tauben. Vor den Bäckereien stehen die Menschen auf den Abstandsmarkierungen an, um sich ihre Sonntagsbrötchen zu besorgen.

Platzkonzert in Oberstdorf

Oberstdorf – wo man Urlaub macht

Keine Frage: in Oberstdorf gibt es viele Gäste. Sie bevölkern den Ort. In den Sträßchen, Gassen und Fußgängerzonen findet sich eine bunte Mischung von Läden aller Art und ein ebenso vielfältiges Angebot der Gastronomie. Natürlich kann man sich als Einheimischer im einen oder anderen Supermarkt außerhalb des Ortskerns mit dem alltäglichen Bedarf versorgen. Das Warenangebot in den Läden ist dagegen nahezu vollständig auf den Feriengast abgestimmt. Hier in Oberstdorf ist es eine unverkennbare Mischung aus regionalen Angeboten und Sportartikeln. Bei den regionalen Angeboten findet sich hier im Allgäu selbstverständlich der Käse, aber auch das mit Heumilch zubereitete Eis. Besonders gefallen hat mir ein Hutladen. Dort gab es rollbare Jägerhüte zu kaufen. In gewissem Sinn ein absolutes Muss für die Urlaubsgarderobe des Mannes. Immerhin findet sich mit Ausnahme des rollbaren Jägerhutes durchaus Brauchbares in diesem Warensortiment. Selbst Hüte können ja in welcher Form auch immer einen praktischen Nutzen haben. Daneben gibt es auch die anderen Läden, den Holzschnitzer zum Beispiel mit so manchen käuflichen Absonderlichkeiten und anderen Läden, in denen man Dinge zum Hinstellen oder an die Wand hängen erwerben kann. Es ist ein nicht unbedeutender Teil des „Urlaubmachens", hier herum zu laufen und sich all die Sachen anzuschauen, ohne die man bisher vorzüglich zurecht kam und die sich kein vernünftiger Mensch kaufen würde, wenn man sie ihm an seinem Wohnort anbietet. Diese Beobachtung gibt einen wichtigen Hinweis darauf, was es mit dem „Urlaub machen" auf sich hat.

Urlauberinnen und Urlauber befinden sich in einem psychischen Ausnahmezustand. Dieser wird auf komplexe Weise durch das „Urlaub machen" hervorgebracht. In Oberstdorf scheint sich dies in besonderer Weise zu verdichten. Urlauber wohnen in einem Zimmer in einer Pension oder im Hotel, bestenfalls nutzen sie eine Ferienwohnung. Nur im Wohnmobil wäre noch weniger Platz. Der Aufenthalt im Quartier ist unter dieser Voraussetzung tagsüber nicht attraktiv. Möglicher Weise ist das Quartier in einem Stil eingerichtet, dem sich ein Urlauber zuhause freiwillig nicht aussetzen würde. Bei der Musik der Trachtenkapelle würden sie in der übrigen Zeit des Jahres spontan die Flucht ergreifen. Hier im Urlaub hören sie sich das Platzkonzert frenetisch applaudierend vom Anfang bis zum Ende an. Womöglich findet man es gut, weil einem nichts anderes übrig bleibt, wenn die schönsten Wochen des Jahres diese Bezeichnung verdienen sollen. Wer will den schon nach Hause fahren und den Freunden erzählen: Es war schrecklich.

Urlaub machen will demnach gekonnt sein. Wer immer noch der Meinung ist, Urlaub sei dazu da, seine Ruhe zu haben, nichts zu tun und zu entspannen, der sollte sich von einem lückenlos durchorganisierten und durchgestylten Urlaubsunternehmen wie Oberstdorf eines Besseren belehren lassen. Im Urlaub muss man seinen Spaß haben, koste es was es wolle. Damit man seinen Spaß haben kann, muss am Urlaubsort etwas los sein. Man muss etwas erleben können. Dafür braucht es um Himmelswillen Angebote. Hier wäre allen voran der hoch frequentierte Fahrradverleih zu nennen, an dem täglich Menschen geduldig Schlange stehen, von denen manche den Eindruck erwecken, der schönste Augenblick sei der, wenn sie das Ding endlich wieder abgeben können. Wenn man es gerne mit mehr Adrenalin haben möchte, kann man sich für einen Tandemflug mit dem Gleitschirm entscheiden. Außerdem gibt es unzählige Angebote für geführte Wanderungen auf Fern- und Nahwanderwegen. Nicht zu vergessen die diversen Bergwander-, Kletter- oder nach Jahreszeit Schischulen, die dem Gast ihre Dienste anpreisen. Es kann einem fast unheimlich werden bei soviel Anleitung und Aktivität. Wir sagten es bereits: „Urlaub machen" versetzt unbescholtene Bürger in einen psychischen Ausnahmezustand. Die Bereitschaft solche Angebote in Anspruch, oder sollte man besser sagen „in Kauf" zu nehmen, kommt daher, dass der Urlauber nichts anderes vor hat und mit der ungewohnt reichlich zur Verfügung stehenden Zeit, nichts anzufangen weiß.

Man kann es beobachten. Wobei ich zugebe, dass das nicht ganz fair ist. Wer kann schon etwas dafür? Wenn man den Menschen zuschaut an den Außentischen der Gasthäuser, in den Eisdielen und Cafés, dann sieht man ihnen an, wie sie sich angestrengt bemühen, dem, was sie gerade tun, eine Bedeutung abzugewinnen, die wenigstens ansatzweise dazu angetan wäre, den hochgespannten Erwartungen, die sich mit den schönsten Wochen des Jahres verbinden, annähernd gerecht zu werden. So kommt es, dass Oberstdorf für seine Gäste das ist, was es ist: eine Urlaubsvollzugsanstalt.

Hinweisschild an der St. Andreaskriche in Hil-
desheim.

Missverständlich

Auf meiner Reise galt in den Kirchen die soge-
nannte Abstandsregel. Es gab immer wieder
Schilder mit der Aufschrift: „Diesen Platz bitte
freihalten." Mich beschlich der Gedanke, dass
eine solche Aufforderung doppeldeutig verstan-
den werden konnte. Womöglich hielten sich viele
Kirchenglieder bereits seit Längerem an diese
Aufforderung und schenkten ihr dadurch Beach-
tung, dass sie dem Gottesdienst fernblieben.
Auch ohne die Regeln zur Bekämpfung der Pan-
demie waren die Plätze in der Kirche freigehal-
ten worden. So blieb die Aufforderung wirkungs-
los, in jedem Fall aber fragwürdig. Denn die
Menschen, die damit hätten gemeint sein kön-
nen, waren ohnehin nicht mehr da.

Bahnhof Travemünde

So nicht – unerwartete Koalition im Zug nach Travemünde

Es war ein besonderes Erlebnis von Hamburg aus mit dem Nahverkehrszug nach Travemünde zu fahren. Das Besondere daran war, das Publikum kennenzulernen, das sich dort aufzuhalten pflegt. Doch der Reihe nach, denn es ging ja alles nicht auf einmal. Kennenlernen ist ein längerer Prozess mit manchen Einzelheiten. Der Zug war in Hamburg schon ziemlich gut besetzt. Auf allen Doppelsitzen saß schon je eine Person und es kamen immer noch neue Reisende dazu. Vor mir war ein Viererbereich, der von zwei älteren Damen besetzt war. Eine junge Frau fragte höflich, ob sie sich dazusetzen darf. Ihr kleiner Hund stürmte schon einmal durch den Flur voraus. Die Damen sagten entschlossen: „Nein. Wir haben doch Corona, da können Sie doch nicht beide Sitze besetzt werden." Prinzipiell ist diese Argumentation nicht abwegig, wenn man auf den Mindestabstand wert legt. Doch eine Regel gibt es dafür nicht. Für die Sitzplätze in den Zügen der deutschen Bahn, gilt sie offensichtlich nicht. Auch mir wäre es lieber, auch im Blick auf die Rücksicht gegenüber anderen Fahrgäste, den Mindestabstand einhalten zu können. Doch hier lagen die Dinge ja vielleicht anders, da es im Zug keine Plätze mehr gab und noch viele hereindrängten. Deshalb war aus meiner Sicht die Haltung der beiden Damen fragwürdig. Höflichkeit und Rücksichtnahme könnten ja auch darin liegen, dass es einem nicht gleichgültig ist, wo die anderen Fahrgäste Platz finden. Ich bot der jungen Frau den Platz neben mir an. Nur nebenbei: damit war sie nun auch nicht wesentlich weiter von den beiden Damen entfernt, als wenn sie sich zu ihnen an den Tisch gesetzt hätte. Ihr Begleiter setzte sich schräg gegenüber, wo zwei andere Damen saßen. Die junge Frau erzählte mir ganz so nebenbei und mit großer Offenheit, was sie so machte. Ihr Hund hieß Zicke. Den stark tätowierten Mann stellte sie mir als ihren Onkel vor. Er war deutlich älter als sie. Also vom Altersabstand konnte das stimmen. Ihr Geld, mit dem sie sich ein Fahrkarte hatte kaufen wollen, hatte sie in einem Pappbecher. Nebenbei stellte sie fest, dass sich bei ihrem Turnschuh die Sohle ablöste. Sie sagte mir, dass sie Flaschen sammeln würde und irgendeinen Job hatte. Ihr Onkel so sagte sie schlage sich als Schnorrer durch. Den Ausflug nach Travemünde würden sie sich dadurch finanzieren, dass sie in Lübeck aussteigen und das notwendige Geld erbetteln würden. Zicke war zunächst bei ihr auf den Schoß gesprungen und bald darauf hinüber zum Onkel. In der fremden Umgebung und bei den vielen Menschen war sie sichtlich unruhig. Die Dame, die dem Onkel gegenüber saß, sagte so etwas wie: „Oh da wird mir anders." Oder: „Oh da habe ich Angst." Die junge Frau sagte: „Zicke ist eine ältere Dame, wie Sie auch." Was sie mit diesem Satz bewirken wollte, war mir nicht klar. Ebenso mit dem nächsten Satz: „Zicke ist sauberer als manche Menschen." In der Sache konnte ich nicht widersprechen, denn der Hund wirkte gepflegt, aber als Beschwichtigung für die Dame, die Angst hatte, war dieser Satz nur schlecht geeignet. In Lübeck stiegen die meisten

Fahrgäste aus und auch die Dame, die sich vor Zicke erschreckt hatte gemeinsam mit der jüngeren Frau, die vermutlich ihre Tochter war. Die anderen beiden Damen blieben sitzen. Auf dem Viererbereich schräg gegenüber lösten nun zwei weitere Damen die vorherige Besetzung ab. Es war nun nicht mehr weit bis Travemünde, doch diese zwanzig Minuten waren völlig ausreichend für mich, um nun einen intensiven Einblick in den Lebensalltag und die damit verbundenen tiefgreifenden Probleme zu bekommen. Phasenweise hatte ich den Eindruck, dass die Gesprächsthemen in den beiden Sitzgruppen einer gewissen Synchronisation unterlagen und entweder gleichzeitig angesprochen wurden, oder fugenartig einander ablösten: Die Lebenssituation von Kindern und Enkelkindern unter dem Gesichtspunkt der Bewältigung der Coronamaßnahmen mit Homeoffice und Homeschooling wurden vor meinen Ohren ausgebreitet. „Und dann muss sie ja auch noch kochen. Sonst geht sie ja in die Kantine." Bei all diesen innerfamiliären Details, mit den jeweiligen Berufen, die

Tochter und Schwiegersohn hatten, wurde ich den Eindruck nicht los, dass darin ein vorgeschobenes Interesse lag und die Erzählerinnen wenig Ahnung vom Leben derer hatten, über die sie zu berichten meinten. Es waren wie Versatzstücke und es entbehrte nicht einer gewissen Komik, dass die Themen in beiden Gruppen aufgegriffen wurden. Man fühlte sich von der Bedeutung der angesprochenen Themen an den Loriotsketch über die Benimmschule erinnert: „Auf dem Campingplatz in Saarbrücken waren die Toiletten sehr sauber." Hier ein Beispiel: Die Damen berichten sich gegenseitig darüber, wie sie es mit der Lektüre der Tageszeitung halten. Das ging etwa so: „Ich war ganz überrascht, weil du gesagt hattest, dass du deine Zeitung erst noch lesen willst, dass du damit schon fertig warst, als ich zu dir kam." „Also ich hole mir die Zeitung um Sieben aus dem Kasten. Da ist sie ja schon um sechs, aber da hole ich sie noch nicht." „Kommt die denn mit der Post?" „Nein, die wird gebracht." „Tatsächlich?" „Weißt du, ich lese ja manche Artikel, schon am Abend vorher im Internet. Dann bin ich am anderen Tag schneller fertig." Derart wesentliche Themen wurden während der gesamten Fahrt beraten. Es ging um Gesundheits- und Ernährungsfragen. Die Unsitte Pommes Frites zu essen und noch dazu mit Majo. Um die letzte OP und die Organisation von Arztbesuchen, die Frage, ob man sich gegen Grippe impfen lässt und was man mit wem warum und warum nicht an welchen Wochentagen zu welcher Uhrzeit unternimmt. „Ich hab an dich gedacht, an dem Tag, als du mit deiner Enkelin in Hamburg warst. Es war ja so heiß." „Ja es war schrecklich. Und weil es so heiß war, habe ich zu Karla gesagt: Karla heute bekommst du ein Eis. Sonst mache ich das nicht. Es muss ja etwas Besonderes bleiben für so ein Kind." Ihre Gesprächspartnerin schloss sich diesem Thema mit dem Bedauern an, dass ihr eigener Enkel von seinen Eltern soviel Eis bekommt, wie er will. Auch drei nacheinander. Aber da könne man ja nichts sagen, da wird man ja gar nicht gehört." Je länger ich diese Gespräche über mich ergehen lassen musste, desto deutlicher wurde mir, dass sich hinter all dieser zur Schau getragenen Etikette ein schrecklich banales und inhaltsleeres Alltagsleben verbarg. Es wurde mir klar: So wollte ich niemals leben. In diesem Augenblick fühlte ich mich den beiden Flaschensammlern, die sich ihr Auskommen erbettelten, näher als die vier Damen in ihrer Vornehmheit. Ja ich empfand Sympathie für die beiden Punks, die durch ihre Lebensweise zum Ausdruck brachten, dass sie das Leben der Wohlsituierten nicht haben wollten und dies konsequent praktizierten. Ohne solche Leute wäre es wohl um unser Land schlecht bestellt. Schöne Grüße an Zicke!

Krefeld-Hauptbahnhof

Krefeld Hohenbudberg-Chempark

Krefeld mal fünf

Man stellt sich die Dinge oft so einfach vor, z.b. wie eine Stadt und ihr Bahnhof beieinander liegen. Eine Stadt hat ein Zentrum und nicht weit davon befindet sich ein Bahnhof mit vielen Gleisen, auf denen aus allen Richtungen ankommen und überall hin wieder abfahren. Wenn dies ein großer Bahnhof ist und es noch weitere in der Stadt gibt, nennt man ihn zur besseren Unterscheidung Hauptbahnhof. Nicht weit von einem solchen Hauptbahnhof gibt es eine Reihe von Gasthäusern und Straßencafés, in denen ankommende Besucher der Stadt bequem einkehren können. Dies gilt unter der Voraussetzung, dass die Stadt ein solches Zentrum hat, das sich von anderen Stadtteilen entsprechend abhebt. Wenn man am Hauptbahnhof ankommt, ist man da, wo man hin will. So stellt man es sich zumindest vor. Es kann aber auch ganz anders sein. Da wäre zum Beispiel Krefeld. Nicht jeder weiß, wo Krefeld liegt. Vielleicht könnte man sagen, dass Krefeld dazwischen liegt. Je nach dem aus welcher Richtung man anreist, liegt Krefeld dahinter oder davor. In meinem Fall lag Krefeld, oder was immer man dafür halten konnte, vor Duisburg. Da wollte ich hin. Duisburg, so konnte ich feststellen, liegt am Rhein. Der Bus, der in meinem Fall als SEV (Schienenersatzverkehr) Rheinfelden mit dem Hauptbahnhof Duisburg verband, fuhr über eine Rheinbrücke, bevor er den Bahnhof ansteuerte. Der Zug konnte das nicht, weil die Eisenbahnbrücke über den Rhein repariert werden musste. Wie gesagt Krefeld lag davor. Aber so genau lässt sich das nun auch wieder nicht sagen. Krefeld ist nämlich, zumindest was die Bahnhöfe betrifft ziemlich ausgedehnt, vielleicht auch verstreut, oder besser noch zerstreut. Das ist verwirrend. Man weiß da nicht so recht, wie man mit diesem Krefeld dran ist. Es fällt einem von den Bahnhöfen schwer, eine klare Vorstellung von diesem Ort zu bekommen. Wenn man die Station mit dem unverwechselbaren und jederzeit geografisch leicht zuzuordnenden Namen „Forsthaus" passiert hat, erreicht man Krefeld-Hauptbahnhof und denkt, man ist da. Ein bisschen erstaunt ist man vielleicht, dass dieser Hauptbahnhof nur wenige Gleise hat, von denen ein Teil auch noch ziemlich verkrautet ist. Nicht gerade einladend und nicht gerade ermutigend für eine Fahrtunterbrechung. Dann aber geht es erst richtig los mit Krefeld: Krefeld-Oppum, Krefeld-Linn, Krefeld-Uerdingen und schließlich als Krönung des Ganzen Krefeld-Hohenbudberg Chempark.

Man fährt auf diese Weise zwanzig Minuten durch Krefeld und wundert sich, von dieser Megacity noch nie gehört zu haben. Krefeld-Uerdingen klingt nicht schlecht und sieht auch nicht schlecht aus. Vom Bahnhof aus hat man jedenfalls einen Blick auf einen malerischen Kirchturm. Krefeld-HBF mit den verkrauteten Bahngleisen kann da nicht mithalten. Man mag sich daher fragen, ob Uerdingen bei Krefeld liegt, oder ob es nicht eher umgekehrt ist. Aber Krefeld-Hohenbudberg Chempark ist nicht zu toppen. Merken kann sich diesen Monsternamen ohnehin kein Mensch. Bei dem Ortsnamen Hohenbudberg stellt man sich eine mittelalterliche

Festung mit Zugbrücke vor und bei „Park" könn-
te man immer noch geneigt sein, sich dazu die
entsprechenden Grünanlagen vorzustellen. Fakt
ist, dass man vom Bahnsteig den Blick auf die
ausgedehnten und verschlungenen Rohre einer
Chemiefabrik hat. Auch ein von Rost befallener
Kamin darf nicht fehlen und macht Eindruck.
Wer hat sich wohl den Namen mit dieser eigen-
artigen Kombination für diesen Bahnhof ausge-
dacht? Und warum war es wichtig, statt Chemie-
park Chempark zu sagen? Wäre es nicht weit
einfacher und sogar ehrlicher Chemiewerk zu
sagen. Das wäre dann auch noch ein angemes-
senes Pendant zu Forsthaus. Welcher der Bahn-
höfe nun eigentlich Krefeld ist, bleibt mir bis heu-
te ein Rätsel.

Vom Verstummen bedroht?

Zu den Sehenswürdigkeiten des Hildesheimer Doms gehört ein großer altehrwürdiger Leuchter. Mit einem Durchmesser von vier bis fünf Metern hängt er in der Mitte des Kirchenschiffs und schwebt über den Köpfen der möglichen Gottesdienstbesucher. (Wie ich in Erfahrung bringen konnte, handelt es sich um den Heziloleuchter und er hat einen Durchmesser von 6 Metern.) Man zählt an diesem Ring, der eine Stadtmauer abbildet, zwölf Tortürme. Keine Frage: es handelt sich um ein wunderbares Symbol des himmlischen Jerusalem. So kam es, dass der Choral „Wachet auf, ruft uns die Stimme" in mir zu klingen begann. Unter diesem Leuchter konnte man sitzen oder stehen und aufblickend staunen. Hier das Leben und dort die Hoffnung. Hier der Alltag mit seinen Beschwernissen und der eigenen Endlichkeit und dort Erfüllung, Glanz und Ewigkeit. Irgendwie fand ich keinen Bezug von diesem ausdrucksstarken Glaubenssymbol aus längst vergangenen Zeiten zur sonstigen Gestaltung des Kirchenraums. War es denkbar, dass die Botschaft dieses Kunstwerks mit dem Ausdruck der Himmelssehnsucht und Ewigkeitshoffnung zum Verstummen kommen könnte, falls sich eines Tages niemand mehr ihrer erinnern würde. In der angestrengt kühlen Gestaltung des übrigen Kirchenraumes wirkte er bereits jetzt wie ein Fremdkörper.

Begegnung mit Bernward in Hildesheim

Ich musste erst im Prospekt nachsehen, wer es war, der da vor mir lag im Chorraum der Kirche aufgebahrt in Stein gehauen die Zeiten überdauernd. Es waren seine Gesichtszüge, seine Mimik, der Ausdruck, der mich in den Bann zog.

St. Bernward in der St. Michaelskirche in Hildesheim

Mit weit geöffneten Augen lag er da und blickte in die Weite, das Abbild eines Menschen, der vor mehreren hundert Jahren gestorben war. Und doch war der Ausdruck so voller Leben. Diese überlebensgroße sympathische Gestalt mit dem Bischofsstab in der Hand und dem Kirchenmodell im Arm war also Bernward. Für mich nur ein Name. Seine Geschichte ist mir nicht vertraut. Doch es ist klar: Es war einmal eine Zeit, in der hatte er für die Menschen und deren Selbstverständnis eine große Bedeutung. Die Zeichen für diese Bedeutung waren noch da. Auf der Hand, auf der Brust und an anderen Körperstellen trug diese liegende Figur durchsichtige Kapseln. Jede dieser Kapseln war etwas größer als ein Fünfmarkstück, wie es sie vor Jahren gab. In diesen Glaswölbungen waren Knochenteile zu erkennen. Die Figur war ein Reliquiar und war dazu da, die Reliquien Bernwards zu bewahren und auszustellen. Die Menschen früherer Zeiten sprachen solchen Reliquien eine Heilswirkung zu. Wer in diese Kirche kam und in die Nähe der Reliquie trat, sie anschaute, oder

gar berührte, begab sich damit in das Wirkungs-
feld göttlichen Heils. Über die Zeiten war das
Geschehen und Wirken der Person, die sie ein-
mal verkörpert hatte, von heilbringender Bedeu-
tung für die Menschen. Und auch ich, der ich
aus einer anderen Zeit bin, fand beim Anblick
dieser Gestalt Frieden und erlebte Geborgen-
heit. Bernward und sein Glaube waren für mich
in diesem Augenblick präsent – für mich den
Reisenden, der ich auf der Suche war und der
ich mich verloren fühlte in der musealen Leere
des Kirchenraumes. Er oder es war da, als Platz
der Einkehr und der Vergewisserung; zeitlos gül-
tig, die Verhältnisse überdauernd.

Nothing in the world

There is nothing in the world,

that can replace love,

but love can replace everything.

unbekannter Autor

Zeitfracht Medien GmbH
Ferdinand-Jühlke-Straße 7
99095 Erfurt, Deutschland
produktsicherheit@kolibri360.de